解读德鲁克

卓有成效的社会管理

Drucker Sayings On Society

[美] 彼得·德鲁克 著
[日] 上田惇生 编
杨剑 译

机械工业出版社
CHINA MACHINE PRESS

图书在版编目（CIP）数据

卓有成效的社会管理 /（美）德鲁克（Drucker, P. F.）著，（日）上田惇生编；杨剑译．—北京：机械工业出版社，2014.1（2023.9 重印）
（解读德鲁克）
书名原文：Drucker Sayings on Society

ISBN 978-7-111-45190-7

Ⅰ. 卓…　Ⅱ. ①德…　②上…　③杨…　Ⅲ. 德鲁克，P. F.（1909—2005）- 企业管理 - 组织管理学 - 语录　Ⅳ. F272.9

中国版本图书馆 CIP 数据核字（2013）第 298056 号

北京市版权局著作权合同登记　图字：01-2013-6792 号。

卓有成效的社会管理

[美] 彼得·德鲁克（Peter F. Drucker） 著

出版发行：机械工业出版社（北京市西城区百万庄大街 22 号　邮政编码：100037）
责任编辑：张　昕　　　　责任校对：董纪丽
印　　刷：北京捷迅佳彩印刷有限公司
版　　次：2023 年 9 月第 1 版第 7 次印刷
开　　本：130mm × 185mm　1/32
印　　张：6.5
书　　号：ISBN 978-7-111-45190-7
定　　价：49.00 元

客服电话：（010）88361066　68326294

序

Drucker Sayings On Society

我的博士论文题目为《国际法的起源》，而处女作《经济人的末日》于1939年出版，书中讲的是第一次世界大战后，纳粹主义势力逐渐走向鼎盛的社会史。1935年，我在伦敦一家投资银行工作。当时我十分迷恋日本画，就迫不及待地学起与日本有关的一切，首先学习的是日本的历史。

我不是一名历史学家。历史学家以揭开历史真相为目标，而我则以理解现在、预见未来为目标。为此，我需要了解过去。因为，无论是一个国家还是一个企业，抑或是一所大学，所有的组织机构只有将自己的过去“活用”于未来，才会取得成功。

明治维新时期就是一个典型的例子，人们认为它是日本的西方化，但其实那是西方的日本化。日本从西方引进了先进的规章与理论制度，并与本国固有的一些东西融会贯通，将其融入江户时期的社会文化。当时日本的国民教育也是领先于欧洲各国的。我们只有在认同西方的日本化这一观点后，才会明白日本明治维新为何会取得成功。

与之形成鲜明对比的是印度近代化的失败。当时，印度的国力远超过日本。失败的原因就在于它没有实现西方的印度化。它没能够在传统与经验的基础上构建一个近代政府和社会，也没有建造一个近代化经济体系。

我是为了了解社会而学习历史的。本书就是有关社会的，是集我所学历史知识编纂而成的一本书。在本书的语录选择与编辑过程中，承蒙友人上田惇生教授的大力帮助，书中的语录虽出自我之口，但是语录的选择与全文的整体结构编辑全由上田教授独自完成。在此，我与读者一并对他深表谢意！

彼得·德鲁克

2003年初秋于加利福尼亚州

目录

Drucker Sayings On Society

第 2 章　知识革命 / 011

第 3 章　知识社会 / 023

第 5 章　企业管理 / 053

第 6 章　NPO 的职责 / 069

第12章　经济发展 / 157

第13章　少子老龄化 / 167

第1章

大变革时期

几乎所有的自明之理都越来越不符合现实，现实的生活与工作给人一种超现实的感觉。

——《管理未来》

（*Managing for the Future*）

文化与文化的界线

平坦的大地上也会有凹凸不平之处。这单纯指地形上的变化，并不指气候、语言以及生活模式的变化。但也有例外，真正的界线是存在的，尽管有时它不高也不引人注目。比如说布伦纳山口，虽然它是阿尔卑斯山脉最低最缓的一个山口，但自古以来就是区分地中海文化与北欧文化的界线。

——《管理新现实》

（*The New Realities*）

历史也有界线

历史也有界线，尽管它不显眼，在当时的社会也不会被注意到。但是，一旦越过这一界线，社会景象与政治景象就会发生变化。气候会发生变化，语言也会发生变化，一个新现实出现在人们眼前。在 1965 ~ 1973 年之间的某一时期，世界就跨过了那样一条界线，迈入了一个崭新的世纪。

——《管理新现实》

（*The New Realities*）

百年一遇的大变革

世界跨过了历史的界线，引发了百年一遇的大变革。为了迎接新时代的到来，人类社会准备了 10 年。大变革改变了人们的世界观、价值观，改变了社会机构、政治结构，改变了技术、艺术与组织机构。终于人们在 50 年后迎来了新世界。

——《知识社会》

（*Post-Capitalist Society*）

变革一直持续到 2020 年

对生活在新时代的一代人来说，他们无法想象祖父母曾经生活过的世界，也无法想象父母出生的世界。现在，我们正在体会那样的变革。如果历史一如既往地运动，那么这种变革不止持续到 2010 年，而是会一直持续到 2020 年。

——《知识社会》

（*Post-Capitalist Society*）

脱离现实的政治学与经济学

现实已经与政治家、企业家、工会干部以及经济学家等诸多学者所关心、所说和所写的不一样了。可以说，今天的政治学与经济学各具特征，难以拯救的非现实性就是一个很好的证据。

——《管理新现实》
（*The New Realities*）

解决问题面临的最大障碍

时至今日，人们的议论依然受以往标语、规则与问题意识的支配，视野非常狭隘。如今，这些都成为解决问题的最大障碍。

——《管理新现实》
（*The New Realities*）

今后断层将会达到极点

我于30年之前提出的断层之说已变成了现实，这一点大家都看得非常清楚。但实际上，这一断层才刚刚开始，今后将会达到极点。以企业间的合纵连横为开端，全世界正在进行产业结构重组，美国的雇用制度也在发生变化，这一变化在其他欧美国家也初现端倪。在这些变化的背后，我们可以看到断层的身影。教育，尤其是高等教育的革新亦是如此。

——《不连续的时代》
（*The Age of Discontinuity*）

下一个社会的到来

下一个社会一定会到来，这是毋庸置疑的。当然，无论是20世纪的社会还是21世纪的社会都与我们所预想的性质不同。但是，其中相当一部分已经逐步实现了。

——《下一个社会的管理》

（*Managing in the Next Society*）

知识是主要的资源

许多领域已经发生了一些基本的变化，尤其是与社会及其构造有关的领域。现在，可以确定的一个现实问题是，未来新社会是知识社会。还有一个确信无疑的事实就是，知识是主要的资源。

——《知识社会》
（*Post-Capitalist Society*）

第2章

知识革命

产业革命、生产率革命以及经营革命之所以会发生，其根本原因是知识价值的变化。

——《知识社会》

（*Post-Capitalist Society*）

谓之认识或教育的知识

在柏拉图时代之后的很长一段时间里，有关知识价值与意义的理论只有两种。哲人苏格拉底认为，知识可以使人认识自我，即实现自身智慧、道德与精神方面的提升。普罗塔哥拉则认为，知识使人明白应该说什么以及如何去说。对他来说，知识意味着逻辑、语法与修辞。在中世纪，这三大科目是学习的重中之重，今天也被认为是最基本的教养。

——《知识社会》
（*Post-Capitalist Society*）

知识本身并不起作用

尽管对知识价值与意义的理解存在两种对立的派别，但是在知识本身并没有什么价值与意义这一点上，两个派别的意见是一致的。知识与行为无关，也不会发挥什么作用，发挥作用的是希腊语中的“技能”。

——《知识社会》

（*Post-Capitalist Society*）

系统化的技能——技术

在 1700 年之后的短短 50 年中，人们发明了技术。技术一词是一个象征性词语，是在秘传的技能一词之后加上了一个表示系统化的词尾而形成的。

——《知识社会》

(*Post-Capitalist Society*)

使技术革新向产业革命转变的力量

在 1750 ~ 1900 年的 150 年中，资本主义与技术革新影响了全世界，创造了新的世界文明。这期间，资本主义与技术革新的传播速度之快，超越文明、阶层与地理程度之深，都是史无前例的。或许正因为如此，资本主义才会成为一种体制，同时也使得技术革新转变为产业革命。

——《知识社会》
（*Post-Capitalist Society*）

知识，一夜之间变为公共财产

人们对知识的运用掀起了产业革命。通常，知识是与现实存在关联的。但是它却在一夜之间与行为扯上关系，成为了一种资源，也可以发挥作用了。原为私人财富的知识在一夜之间变为了公共财产。

——《知识社会》
（*Post-Capitalist Society*）

知识带来的三次革命

第一阶段始于 18 世纪中期，之后大约持续了 100 年。人类将知识运用于工具、工程以及产品，即所谓的产业革命。第二阶段始于 1880 年，至第二次世界大战末期达到顶峰。这一时期，人类将知识运用到工作中，即所谓的生产率革命。第三阶段，也就是第二次世界大战之后，人类将知识运用于知识本身，即所谓的经营革命。今天，知识已经超越了土地、资本和劳动，成为最大的生产要素。

——《知识社会》

（*Post-Capitalist Society*）

泰勒的生产率革命

弗雷德里克·泰勒发现的提高生产率的工具非常简单。首先，将工作分解为单个动作，记录每个动作需要的时间。然后去除多余的动作，只留下必要的动作，并尽可能在短时间内完成这些动作。之后将改善后的动作重新组合。最后制造完成以上动作所需要的工具。

——《21 世纪的管理挑战》

（*Management Challenges for the 21st Century*）

体力劳动者变身为中产阶级

虽然泰勒提出的科学管理方法受到了工会和知识分子的强烈反对，但是截至1930年，基本所有的发达国家都采用了这种方法。其结果是，无产者都变身成了中产阶级，制造业的体力劳动者成为产业革命的受益者，而不是资本家。

——《知识社会》
（*Post-Capitalist Society*）

体力劳动者的时代

20 世纪 50 年代，在世界上大多数国家，体力劳动者成为各国最大的劳动人口。他们成为一个值得尊敬的存在——中产阶级。在终身雇用制下，他们工作有保证，可以拿到养老金，享受长期带薪休假，享受综合性失业保险。最重要的一点是，他们掌握了政治权力。工会的权力甚至超过了首相和议会，成为真正意义上的政府权力掌握者。这样的事并不只发生在英国，同样发生在其他国家。

——《巨变时代的管理》

（*Managing in a Time of Great Change*）

导致体力劳动者衰退的力量

具有讽刺意味的是，知识的力量使得体力劳动者迅速走向了兴旺，却也导致他们迅速走向了衰退。

——《管理新现实》

（*The New Realities*）

何谓经营革命

如何运用原有的知识来获取更大的成果呢？人们要用知识去解决这一问题，这就是经营革命。我们需要什么样的新知识，我们能否发现那样的新知识，我们如何有效地运用新知识，这些都是我们运用原有知识的目的。也就是说，人们将知识运用于创新。这种变化的第三个阶段就是经营革命。

——《知识社会》

（*Post-Capitalist Society*）

第3章

知识社会

在知识社会，机械与工具并不是最大的投资，脑力劳动者自身具备的知识才是。

——《巨变时代的管理》
(*Managing in a Time of Great Change*)

知识社会的中心课题

什么样的知识才是所有人都应该具备的呢？知识组合是什么呢？教与学的实质又是什么呢？这些都是知识社会的中心课题，甚至会成为政治课题。

——《巨变时代的管理》

（*Managing in a Time of Great Change*）

脑力劳动所需要的能力

体力劳动者并没有掌握脑力劳动这项新工作所需要的能力。其实对他们来说，这种能力是很难掌握的。这就需要他们学习理论知识，掌握综合应用能力，针对工作提出新的研究与思考方法。最重要的是要有不断学习的能力。

——《巨变时代的管理》
（*Managing in a Time of Great Change*）

知识本身也渴望新知识

在知识社会，所有有知识的人每隔四五年就要学习新知识，否则就会落伍。这不管是从带给知识最大影响的变化来说，还是从这种变化逐渐发生在各自知识范围之外来说，都具有重大的意义。

——《巨变时代的管理》

（*Managing in a Time of Great Change*）

诞生于整个知识体系的新技术

新技术诞生于包括自然科学与人文科学在内的整个知识体系，并促使它进一步发展。在新技术中，自然科学与人文科学并无任何区别。这就克服了笛卡尔于300年前提出的物质世界与精神世界是分离的这一难题。

——《不连续的时代》

（*The Age of Discontinuity*）

向形态世界观的转变

过去那种把重点放在部分与元素上的笛卡尔式世界观，如今正在发生巨大的变化，它正在急速地向形态世界观转变，即把重点放在整体与模式上。这就对所有类型的界限都提出了质疑。

——《不连续的时代》
（*The Age of Discontinuity*）

跨学科研究的急速发展

对知识的探求和取得的成果已经脱离了实际应用。依据知识法则对每个研究对象进行研究。整个高等教育体系被划分为学院、学科、科目、学位等一个个独立的组织派别。其目标不是市场而是产品。时至今日，知识以及对知识的探求终于不再根据专业范围来区分，而是根据应用领域来区分。跨学科研究也开始急速发展起来。

——《不连续的时代》

（*The Age of Discontinuity*）

知识成为技能的基础

技能绝不会因为知识的经济化而消失。相反，知识反而成为了技能的基础。要想掌握高级技能，知识是必不可少的。而且，与技能有关的知识并不具备生产性，只有当它作为技能的基础被使用时才会具备生产性。

——《不连续的时代》
（*The Age of Discontinuity*）

运用高级知识与技能的脑力劳动者

绝大多数的脑力劳动者在进行脑力劳动的同时也在进行着体力劳动。这一类人被称为技术专家。他们可以运用高级知识与技能。颅内手术之前，运用高级知识花几个小时进行术前诊断。手术过程中，高级理论知识与理性判断也是必不可少的。但是，手术本身就是一种技能。对发达国家来说，唯有技术专家才是竞争的王牌。

——《21 世纪的管理挑战》

（*Management Challenges for the 21st Century*）

培养技术专家的教育机关

只有极少数国家推行了组织化、系统化的教育来培养技术专家。因此，未来的几十年里，在发达国家与发展中国家，专门培养技术专家的教育机构的数量会迅猛增加。

——《下一个社会的管理》

（*Managing in the Next Society*）

知识社会的三个特性

下一个社会将是知识社会，它有三个特性。第一，因为知识比资金更易流动，所以知识社会将是一个无界限可言的社会。第二，因为任何人都享有受教育的权利，所以在知识社会每个人都有力争上游的机会。第三，因为任何人都可能掌握作为生产资料的知识，但是不可能每个人都会取得成功，所以知识社会将是一个成功与失败并存的社会。正是因为这三个特性，所以不管是对个人来说还是对组织来说，下一个社会都将是一个高度竞争的社会。

——《下一个社会的管理》

（*Managing in the Next Society*）

脑力劳动者需要一个组织

在脑力劳动者取得一项成果时，只有组织才能为他们提供所需的持续性。也只有组织才能使脑力劳动者所掌握的专业知识转化为具体的成果。

——《巨变时代的管理》

（*Managing in a Time of Great Change*）

知识的结合带来组织社会

只靠单个的专业知识是无法创造任何东西的。单个知识只有与其他专业知识相结合才会具备生产性。正因如此，知识社会才会成为一个组织社会。

——《巨变时代的管理》

（*Managing in a Time of Great Change*）

知识分子与组织者共同生存

资本主义后的社会，即后资本主义社会既是一个知识社会，也是一个组织社会。这两种社会虽是相互依存的关系，但彼此的价值观和世界观却是不同的。

——《知识社会》

（*Post-Capitalist Society*）

第4章

组织社会

如今，所有的发达国家都已进入了组织社会。即便不是，几乎所有的社会课题也都是通过组织来完成的。

——《知识社会》

(*Post-Capitalist Society*)

社会急速多元化

向组织社会转变意味着对政府机能发起挑战。在组织社会，教育、医疗、道路清洁等诸多社会功能都要依靠专门的组织来完成，这也是这些组织存在的目的。这就导致了社会迅速向多元化方向发展。

——《巨变时代的管理》
（*Managing in a Time of Great Change*）

组织间的共生关系

在多元化社会，组织间的共生关系超越了单纯的物物交换。某一组织将自身具备的机能让与其他组织，或者将自身运转所需要的机能委托给其他组织。这样，组织间的相互联系就加深了。而且，各个组织所担当的任务也在急速发生变化。今天还是这个组织的工作，明天就会成为其他组织的工作了。

——《不连续的时代》
（*The Age of Discontinuity*）

无数太阳组成的星云

要使社会理论变成有意义的东西，我们需要有一种认识，那就是，今天的社会是由无数组织构成的多元化社会。它不是一个由一个太阳和无数行星组成的星系，而是一个由无数太阳构成的星云。新出现的多元化主义所面临的问题与之前多元化社会或者现在的政治理论、方法论中的单一社会所面临的问题是完全不同的。

——《不连续的时代》
（*The Age of Discontinuity*）

知识组织的出现

动员多种多样的知识参与，这种组织的出现是史无前例的。而认为它的存在是理所当然而非异常的社会也是个首例。组织社会第一次出现，因此它迫切需求与此有关的必要理论。

——《不连续的时代》

（*The Age of Discontinuity*）

何为组织

组织是由持有共同目的而进行活动的专家组成的人类团体。与社会、社区和家庭等传统的社会团体不同，组织的创建带有目的性。

——《知识社会》
（*Post-Capitalist Society*）

组织的目的是为社会做贡献

组织并不是为了自身利益而存在的，它只是一种手段，肩负着社会课题，为社会而存在。与世间万物不同，它不能以生存至上为目的，它存在的目的就是为社会做贡献。

——《不连续的时代》
（*The Age of Discontinuity*）

组织存在的唯一理由

只有一样东西可以成为组织及其经营管理力量的基础，那就是它所取得的成果。对一个组织来说，取得成果是自身存在的唯一理由，也是拥有权限和行使权力的理由。这就意味着每个组织都必须清楚自身的目的以及自身所取得的成果。

——《不连续的时代》
（*The Age of Discontinuity*）

通过成果来了解组织

一个组织自身的目的越明确，它的力量就越强大。自我成果评价的方法和标准越具体，它就越能取得更大的成果。自身力量的基础越正统，其存在也就越正统。因此，“通过成果来了解组织”就成了今后多元化社会的基本原理。

——《不连续的时代》
（*The Age of Discontinuity*）

人类，使组织得以运转

组织是法律假定的一个存在。它自身无法制订计划，无法做出决定，更无法采取行动。制订计划、做出决定、采取行动的是人类。人类才能使组织得以运转。

——《不连续的时代》

（*The Age of Discontinuity*）

组织对劳动者来说是一种手段

每个人都取得成果，这对组织来说是必要的，对每一个劳动者来说也是必要的。因为，在作为创造社会必需品的一种手段的同时，组织对劳动者来说也是一种手段。

——《不连续的时代》

（*The Age of Discontinuity*）

肩负使命，抱有信念

为组织工作的人必须抱有这样的信念，那就是在组织社会中，使命是非常重要的，是一切的基础。不管什么样的组织，要是没有这样的信念，就是丧失自信，丧失骄傲，丧失取得成果的能力。

——《巨变时代的管理》
（*Managing in a Time of Great Change*）

多样化会损伤组织取得成果的能力

社会、社区和家庭会处理发生的一切问题。一个组织对一切问题的处理方式是多种多样的。多样化实际上就是分散化。所以不管是企业、工会、学校、医院，还是地方服务机构、教会，这种多样化都会损伤它们作为一个组织取得成果的能力。

——《知识社会》

（*Post-Capitalist Society*）

组织超越社区

组织的法则超越了社区。当组织的法则与社区的价值发生冲突时，组织的法则就占了优势。否则，组织就无法为社会做贡献。

——《知识社会》

（*Post-Capitalist Society*）

组织是一个不安定的因素

社会、社区和家庭都是非常安定的因素，它们寻求安定，防止发生变化，或者至少使变化减速。组织却是一个不安定的因素，它是为创新而出现的。

——《巨变时代的管理》

（*Managing in a Time of Great Change*）

将创新纳入组织构造

不管是企业还是政府机关、大学、工会和军队，要想保持自身的延续性，方法只有一个，那就是将系统化、组织化的创新机制纳入自身的组织构造中。

——《生态愿景》
（*The Ecological Vision*）

企业拥有革新的能力

企业的内部与外部环境已经发生了无法逆转的变化。与此同时，企业在产业社会中也引发了一些变化。企业拥有适应新情况的进化能力，同时还拥有引起周围情况变化的革新能力。

——《管理：使命、责任、实务》

（*Management: Tasks, Responsibilities, Practices*）

第5章

企业管理

经营管理是现在社会信念的具体表现，即可以通过资源的组织化来提高人类的生活水平。

——《管理的实践》

(*The Practice of Management*)

企业管理使脑力劳动者取得成功

在人类历史上，拥有高级知识与技能的庞大人群第一次从事经济活动，这要归功于企业管理。现代的经营管理必须以知识为基础，否则就无法取得成功。相反，企业管理使知识进一步发展，使脑力劳动者取得成功。

——《管理新现实》

（*The New Realities*）

社会的主导

企业和企业管理是作为主导出现的，正因为如此，它在人类历史上才具有划时代的意义。作为社会新的基本形式与主导形式，它出现的速度之快是其他事物无法匹敌的。它能够快速地明确自己在社会中是必不可少的存在，这也是其他事物做不到的。

——《管理的实践》
（*The Practice of Management*）

管理赋予企业生命

管理是赋予企业生命的一种强有力的存在。没有它的领导，生产资源仅仅是一种资源，无法进行生产。

——《管理的实践》

（*The Practice of Management*）

提高脑力劳动者的生产率

如何提高脑力劳动者的生产率是企业经营管理面临的最大课题。NPO已经给了我们答案。明确使命，合理安排人才，不断学习，根据目标实施经营管理，提高要求，明确工作责任。

——《管理未来》

（*Managing for the Future*）

提供最好的机会

组织只有为劳动者提供最好的机会，使他们得以充分利用知识发挥自己的本领，才能获得忠实的追随者。

——《巨变时代的管理》
（*Managing in a Time of Great Change*）

只消除不满是不够的

今后，通过个人的价值观、生存价值以及心中的热情来为企业注入能量，帮助企业取得成果。这对经营管理来说是一件非常重要的事情。就像劳动关系论和人际关系论所提倡的那样，只让人们感到满足，即只消除不满是远远不够的。

——《生态愿景》
（*The Ecological Vision*）

组织满足个人需求

人们将对个人符合组织的要求这样的经营手段越来越不关心。相反，人们对组织满足个人需求、提高个人积极性、发挥个人潜在能力的经营开发手段表示出更大的关心。

——《生态愿景》
（*The Ecological Vision*）

实施战略，保持整体性

25 年之后，跨国企业需要通过实施战略来保持组织间的整体性。这种关系已形成主导。但是企业小股份持有者参与、企业合并、企业合作以及企业技术合约将会占据重要的位置。在这种企业构造体系下，高级经营管理的存在方式也会发生变化。

——《下一个社会的管理》

（*Managing in the Next Society*）

高级企业管理成为一个独立机构

明天的高级企业管理将会成为一个独立的机构，其性质与今天的现场管理截然不同，它是为企业整体而存在的机关。到那时，最重要的一件事情就是保持眼前利益与长远利益的平衡。同时还要保持顾客、股东、脑力劳动者以及社区之间利害关系的平衡。

——《下一个社会的管理》
(*Managing in the Next Society*)

对股东至上主义的误解

在历史上，无论哪个国家都曾抱有这样的观点：企业，尤其是大企业的经营管理只应该服务于股东。这种观点明显是错误的。甚至连那种认为其主要服务对象是股东的观点也是不正确的。

——《21 世纪的管理挑战》

（*Management Challenges for the 21st Century*）

错误的目标——着眼于短期资本收益

对股东来说，价值最大化意味着要在半年或者一年之内提高股票的价格，这个时间不能再长了。但是，像那样的短期资本收益不管是对企业来说还是对大多数股东来说都是一个错误的目标。

——《管理未来》

(*Managing for the Future*)

企业管理的变化

股东的构成有了变化，股东的兴趣也发生了变化。以年金基金为投资对象而起步的机构投资者作为新型股东登上了历史舞台。这对经营管理和CEO来说意味着什么呢？一个迎面而来的难题就是对新股东，即对机构投资家的教育。他们大多数是财务金融领域的人才。从我作为一个证券分析师的经验来看，要想让他们理解企业这一概念是十分困难的。他们的工作从未涉及到保持短期与长期、存续与变化、改善与创造之间的平衡等方面。

——《下一个社会的管理》

（*Managing in the Next Society*）

无法卖掉所持股权的股东

通常，投资者是可以卖掉自己所持股权的。但是，大型企业年金基金所持有的股份太大，无法轻易转手。有时连中型企业也会遇到这样的问题。即使转手了，对象也是其他企业的年金基金。也就是说，如果年金基金不能经营管理企业，也就没有其他出路了。

——《知识社会》
（*Post-Capitalist Society*）

实现经营管理责任制度化的计划

年金基金对企业本身并没有多大的关心，也不想去关心。它们是资产管理者。但是作为一个集团，它有必要对所拥有的企业进行全面监察，也有必要制定实现经营管理责任制度化的计划。

——《管理未来》
（*Managing for the Future*）

独立机构对企业的监察走向一般化

企业监察与会计师事务所的财务监察十分相似，终究会走向一般化。这种监察可以三年进行一次，根据事先制定的标准对工作任务、战略计划、市场、创新、生产率、人才培养、社会责任以及利益分配等方面进行监察。

——《管理未来》
(*Managing for the Future*)

新一轮浪潮引发企业管理的变化

企业管理迎来了新一轮浪潮。从维护法定所有者、脑力劳动者（赋予企业创造财富能力的人才资源）的利益这一观点出发，就必须重新考虑身为雇主的企业和经营管理之间的任务分配问题。因为对企业，甚至是对所有类型的组织来说，自身的发展将会被脑力劳动者的生产率所左右，甚至可以说，拥有吸引、留住高级脑力劳动者的能力，才是最基本的生存条件。

——《21 世纪的管理挑战》
（*Management Challenges for the 21st Century*）

第6章

NPO的职责

非营利组织（nonprofit organization，NPO）作为社会的一个部门是有可能与身为公共部门的政府和身为民间部门的企业并驾齐驱的，它已经具备了这种可能性。

——《巨变时代的管理》

（*Managing in a Time of Great Change*）

NPO 可以改变一个人

政府命令人们做事，并要求人们绝对服从它的命令。企业为人们提供所需求的东西，并从中获得收益。但是 NPO 却可以改变一个人。NPO 不要求人们绝对服从，也不会从人们身上获得收益。打个比方来说，NPO 是一个病愈出院的人，是一个学有所获的学生，也是一个人生发生改变的信徒。

——《生态愿景》
（*The Ecological Vision*）

NPO 的两个职责

社会性课题既不由政府解决也不由企业解决。那么，由谁来解决呢？正确答案是新登上历史舞台的第三个部门——NPO。此外，NPO 还肩负着一个非常重要的职责，即恢复人们的公民性。

——《巨变时代的管理》

（*Managing in a Time of Great Change*）

通过 NPO 重新成为公民

在现代社会，人们已经不可能直接发挥自己作为一名公民的特性了。人们所能做的就是投票和纳税。但是，作为 NPO 的志愿者，人们就有可能重新成为公民，重新直接影响社会秩序、社会价值、社会行动以及社会前景，并且自身也能够取得社会性成果。

——《生态愿景》
（*The Ecological Vision*）

对志愿者来说，志愿工作与带薪工作互相平行

现在的志愿者并不把志愿工作当成是一种慈善事业，而是将其与带薪工作同等对待。接受训练、提高业绩、取得成果、承担责任，这些都是他们所追求的。只要在专业领域或综合领域有可以得到提升的机会，即使没有任何报酬，他们也毫无怨言。不管怎么样，他们是想通过志愿者工作取得一些成果，达到目标，实现自我价值，并追求某种意义上的公民性。

——《巨变时代的管理》

（*Managing in a Time of Great Change*）

专职专业人员必不可少

对志愿者的依赖性越大，就越只能依靠专家来进行经营管理。如今，NPO 的运营要是没有专职专业人员的参与，就会遇到很多棘手的问题。

——《管理未来》

（*Managing for the Future*）

NPO比企业更需要经营管理

20年前，经营管理对NPO的工作人员来说是一个肮脏的字眼——赚钱。NPO不像商业主义，它不肮脏，超越利益是它自豪的地方。但是在今天，很多NPO甚至都没有一个衡量收支平衡的标准。因此，它比企业更需要经营管理。

——《管理未来》
（*Managing for the Future*）

慈善事业与经营管理的共赢

NPO积极致力于慈善事业。可是众所周知，这种善意并不能取代组织、领导、责任、工作与成果。

——《管理未来》
（*Managing for the Future*）

强化NPO是一个社会性课题

今天，美国面临一个亟待解决的社会性课题，即将NPO的生产率提高3倍，将NPO原来不及个人收益3%的捐助增加两倍。

——《巨变时代的管理》
（*Managing in a Time of Great Change*）

对捐助进行大胆的所得税扣除

美国前总统布什曾说过，NPO是一个非常重要的存在，它们就像无数的灯光照亮了全世界。但是，如果他真的认为NPO非常重要的话，就应该把对NPO的征收所得税起点从1美元提高到1.1美元。那样的话，就可以马上解决NPO面临的资金困难问题，政府也可以减小财政赤字。因为比起政府，经营管理得当的NPO可以将资金的利用率提高至少2倍。

——《巨变时代的管理》

(*Managing in a Time of Great Change*)

税务局减少对 NPO 的捐助

税务局认为捐助 NPO 对国家是不利的，因此不断出台减少对 NPO 捐助的政策。其官方说法是这样做可以减少偷税漏税的行为。但是，这些措施并没有增加国家收入，以后也不会。

——《巨变时代的管理》

（*Managing in a Time of Great Change*）

官僚制的敌意

捐助对国家不利，这一观点的动机是对 NPO 的官僚制抱有敌意。这与过去某些国家对市场和企业抱有敌意是一个道理。NPO 的成功是对官僚制度权力的腐蚀，是对其思维形态的否定。

——《巨变时代的管理》

（*Managing in a Time of Great Change*）

城市社区的创建

今后，城市社会的文明化对美国、英国以及日本等发达国家来说将会是一个非常重要的课题。但是政府和企业无法承担城市社会所需要的社区建设，那么承担此重任的就是NPO。

——《下一个社会的管理》
（*Managing in the Next Society*）

NPO的飞速成长必不可少

20世纪，我们经历了政府和企业的飞速成长。21世纪，NPO将会在城市社会——人类新的生存环境中为我们创建。这样的NPO同样需要飞速地成长。

——《下一个社会的管理》
（*Managing in the Next Society*）

第7章

经济至上主义的灭亡

“经济人”在受到经济利益驱使时，不仅会采取具体的行动，还会去掌握获得经济利益的方法。

——《经济人的末日》
（*The End of Economic Man*）

社会发挥功能的条件

为每一个人定位并为其安排一个角色，当社会行使这个具有正统性的权力时，它才初次发挥了自身的功能。个人的定位与角色规定了社会的框架，即社会的目的与意义。权力的正统性规定了社会框架的空间，即实现社会的制度化，并开设各种各样的机构。

——《工业人的未来》
（*The Future of Industrial Man*）

游戏规则无从知晓

对那些在社会中没有位置与角色的人们来说，社会是一个充满不合理、无法计算、无法把握要领的存在。如果一个人在社会上没有位置与角色，那么他就是多余的。就好像无根的草，在它眼中看不见社会。如果一个人做事情都按照自己的意愿来，那么他就无法在这个社会上生存，也无法理解这个社会上所发生的一切。就好像被蒙上双眼，然后再被推进一个黑暗的房间去做一个不知道规则的游戏。

——《工业人的未来》

（*The Future of Industrial Man*）

决定社会性质的理念

人类本质的理念决定了社会的目的，人类存在的理念决定了应该在哪些领域去追寻这一目的，人类本质与存在的理念决定了社会性质，决定了个人与社会的基本关系。

——《工业人的未来》

（*The Future of Industrial Man*）

“宗教人”的理念

人们最初在宗教领域追求自由与平等。在那个世界里，所有人都是平等的。人们可以通过在人世间的思考与行动自由选择在那个世界的命运。但就像18世纪的人们所说的那样，这种信条只不过是安抚人心的一种手段罢了。可这种信条对生活在11、13世纪的人来说却是非常真实的。当时人们把人当成“宗教人”来理解，把人在社会上的位置放在精神秩序上来理解。

——《经济人的末日》
（*The End of Economic Man*）

资本主义的基础

资本主义社会把经济活动当成是达到一切目的的手段。把人类当成经济动物这一理念就成了这种社会的基础。经济上的满足很重要，具有重大意义。

——《经济人的末日》

（*The End of Economic Man*）

资本主义的失败

今天，人人都知道自由与平等只不过是一种幻想。经济发展不仅都没有带来名义上的机会均等，反而催生了一个独享优惠的阶级——资产阶级。无产阶级要想跻身进入，就如同想要跻身富人阶层一样困难。

——《经济人的末日》

（*The End of Economic Man*）

“经济人”理念的瓦解

经济自由并不会自动地或者辩证地带来真正的自由与平等。这一点已经十分明确。所以资本主义的基础——关于人类本质的理念，即“经济人”理念就瓦解了。

——《经济人的末日》

（*The End of Economic Man*）

社会理念成为一种幻想

第一次世界大战期间，整个世界仿佛被妖魔控制了，人们根本无法用理性去理解它。因此，当时人们变得无力又无助。这就证明了人类是自由平等的、人类的命运是由个人努力和个人价值决定的这一社会理念终究不过是一种幻想。

——《经济人的末日》
（*The End of Economic Man*）

世界大恐慌让人们明白的事情

世界大恐慌[㊀]让人们明白了两件事情。第一，一股不合常理的力量正在支配着整个社会，而且它的强大是不可估量的。其实在和平年代，人们也会有同样的感受。第二，不知何时就会半永久性失业、在工作中或者上班之前就被当成工业废物抛弃。

——《经济人的末日》
（*The End of Economic Man*）

㊀ 大恐慌：世界大恐慌。始于 1929 年 10 月 24 日，黑色星期四。

对法西斯极权主义的信奉

尽管法西斯主义违反了理性，否定了传统，可广大民众还是蜂拥而上，疯狂地追随希特勒和墨索里尼。正是因为它违反理性、否定传统才会如此受广大民众的青睐。

——《经济人的末日》

(*The End of Economic Man*)

法西斯主义企图创造的奇迹

德国与意大利的极权主义中蕴藏着不为人知的重要一面，即通过社会性而非经济性的满足、报酬和奖励来规定个人在社会上的地位与角色。产业社会的脱经济化是法西斯主义企图创造的奇迹。由此，它就可以维持并发展充满不平等的产业社会。

——《经济人的末日》
（*The End of Economic Man*）

超越资本主义与社会主义

极权主义是资本主义和社会主义中的哪个呢？其实这个问题本身就是错误的。它哪个都不是。极权主义断定，不管是资本主义社会还是社会主义社会最终都会一无所获。它超越了二者，追求的是不依靠经济条件去创造一个社会。

——《经济人的末日》
（*The End of Economic Man*）

经济发展也是一种社会价值

不管什么场合，经济发展都理所当然的是我们的终极目的。可是现在我们已经丢弃了这一信条。不把经济成果当成是最大价值而只当成是众多价值中的一种，其结果就是不把经济活动当成是所有社会活动的基础。

——《工业人的未来》

（*The Future of Industrial Man*）

与经济至上主义诀别

经济不再是社会的中心，这具有重大意义。这便使人们舍弃了“经济人”的理念，舍弃了人类自我价值的实现是寻求经济成功和金钱报酬这一信条。

——《工业人的未来》
（*The Future of Industrial Man*）

迈向以新理念为基础的社会

我们早已不能继续维持作为人类本质以及社会基础的“经济人”的理念。我们必须创造以人类本质和社会目标的新理念为基础的自由的、能充分发挥功能的社会。

——《工业人的未来》
(*The Future of Industrial Man*)

当能实现经济上的平等时

当宗教不再是社会基础的时候，才实现了经济上的自由和平等。当经济成为一种社会性的认知和完美的基础时，才可能实现民主、自由和平等。同样，经济上的平等在社会中不再是最重要的，当制定了社会新秩序的规则时，才可能实现新领域的自由和平等。

——《经济人的末日》

（*The End of Economic Man*）

第 8 章

政治大变样

当下的社会，包括所有的社会活动和社会问题都相当复杂，唯一的“正确答案”并不适用于所有问题。

——《管理新现实》

（*The New Realities*）

对世俗信仰的恐惧

进入现代社会之前的最后一位哲学家——戈特弗里德·莱布尼茨试图使基督教统一，但徒劳无功，这几乎耗费掉了他的一生。他认为，如果不存在对超自然的“上帝”的共同信仰，恐怕世俗信仰就会抬头。莱布尼茨坚信，世俗信仰从本质来说是一种苛政，它禁锢了人的自由。

——《知识社会》
（*Post-Capitalist Society*）

在世界范围内普及的“社会救济”

继莱布尼茨之后的一个世纪，雅克·卢梭证实了莱布尼茨论断的正确性。他主张社会能够而且应该支配个人，社会能够而且应该创造出一个“新亚当”，或者说，社会能够而且应该让全人类都变得完美。法国大革命以后，“社会救济”成为绝对信仰。起初这种信仰只在欧洲盛行，在第二次世界大战之后普及到了全世界。

——《知识社会》
（*Post-Capitalist Society*）

马克思社会主义的承诺

100 多年来，马克思主义作为承诺“社会救济”最具强大生命力的世俗信仰开始广泛传播。马克思主义，特别是对知识分子来说，其魅力在于，那种复杂的意识形态，比日渐不切实际的经济学更具吸引力。

——《知识社会》
（*Post-Capitalist Society*）

集体的力量真的能够造就一个完整的社会吗

没有人认为凭借一个集体的力量可以造就一个完整或接近完整的社会，也不会认为人类可以有根本性的改变，并造就一个“新亚当”。在距今50年前，这种思想是非常大众化的。相信以私有财产的废止为代表的各种社会政策可以造就一个新型社会的不只是社会主义者。这是大多数思想家的一致观点。

——《管理新现实》
（*The New Realities*）

一段历史的终结

发生于 1989 ~ 1990 年的事件[⊖]，不仅意味着“一个时代的终结”，还意味着“一段历史的终结”。

——《知识社会》
（*Post-Capitalist Society*）

⊖ 柏林墙倒塌事件与针对伊拉克入侵科威特事件组成的多国联盟。

开始转向内心

对社会救济信仰的终结无疑开始关注内心，重新重视个人即人类。或许甚至会衍生出个人责任，至少我们可以如此期望。

——《知识社会》

（*Post-Capitalist Society*）

日益失去向心力的政党

如今的政党，冗繁且分散。能够将欧洲各个党派聚集起来，有可能获得推持政党的意识形态已经丧失了凝聚力。执政党与其提出的口号对于选民尤其是年轻人来说已经变得毫无意义。在美国，传统的利益阶层已经迷失了方向。

——《知识社会》
（*Post-Capitalist Society*）

在组织社会，不会出现特定的利害关系

在发达国家，劳动者几乎都在组织中劳动。将毕生受到的高等教育都奉献给了组织。这样一种身份，无论从经济上还是从社会上来说都不会产生特定的利害关系。没有特定的生活文化意义，也丝毫无关乎政治概念。

——《管理新现实》

（*The New Realities*）

以现实社会和政治为基础

人无法预知未来。人们所知道的只是从过去到现在为止的现实社会而已。因此，人们必须以现实社会和政治而非理想社会作为自己的社会和政治的行动准则。

——《工业人的未来》
（*The Future of Industrial Man*）

解决关于自由社会的问题

我们必须以不知是否有解决最终问题的道路为开端。因此，我们必须接受不统一、多样性、妥协和矛盾。我们仅仅知道一件事，那就是：做出决定的绝对主义者只有专制。

——《工业人的未来》

（*The Future of Industrial Man*）

第 9 章

国家的巨大化

在民族国家、殖民帝国、超级大国展现雄威的几个世纪内，一直在持续着一个唯一的政治现实，那就是，民族国家在这一百年间，已经蜕变为全能型国家。

——《知识社会》
（*Post-Capitalist Society*）

迈向大国的一小步

迈向大国最初的一小步是俾斯麦于 19 世纪 80 年代发明的福利国家。福利国家是针对阶级斗争而做出的对策。在此之前，政府只被看作政治性机构。但是俾斯麦的想法是，使政治变为社会性机构。

——《知识社会》
（*Post-Capitalist Society*）

改变政府职能的保险制度

战后初期，最初的大规模社会政策是英国的公民健康保险制度。这使政府超出了仅仅是承包者或者是支付者的职能。不久，在这项保险制度，使得医院与医院之间的医疗行为转变为政府行为。医院工作人员成为政府职员，由政府直接经营医院。

——《知识社会》

（*Post-Capitalist Society*）

成为社会课题执行者的政府

政府不再是单纯的规则制定者、促进者、承保者、支付者，而成为了执行者与经营者。在 1960 年，针对所有的社会课题和社会问题，政府是最合适的执行者。这一点被所有的发达国家视为理所当然的原则。

——《知识社会》
（*Post-Capitalist Society*）

剥削公民的限度

第一次世界大战以前，政府只能剥削极少数公民，至多也就收取公民所得收入的 5% ~ 6%。但是，在第一次世界大战期间，连最贫穷的参战国也毫无节制地剥削公民。

——《知识社会》

（*Post-Capitalist Society*）

大战后的预算制定

以年收入为界限，政府活动受到极大限制。这些限制使政府无法成为经济机构和社会机构。但是在第一次世界大战后，甚至是在第二次世界大战后制定预算的过程，意味着政府已经摆脱了这一限制。

——《知识社会》
（*Post-Capitalist Society*）

成为市民社会主人的政府

在没有年收入的限制之下，政府实际上是市民社会的主人。决定市民社会的形态。更重要的是通过利用税收和年支出进行收入的再分配。根据财富总量的多少，社会便按照政治家所描绘的那样形成了。

——《知识社会》
（*Post-Capitalist Society*）

成为散钱国的国家

最糟糕的就是国家变成散钱国家。如果制定预算以年支出为开端，那么税收就会毫无节制。所谓的年支出，是政治家买选票的手段。

——《知识社会》

（*Post-Capitalist Society*）

对公民性概念的否定

民主国家发挥着这样一个功能，就是坚信由公民选出的公民代表的首要工作是，保护选民不会受到贪婪的政府的危害。而散钱国家侵蚀了自由社会的基础。因此，用公民的钱买选票实际上是对公民性概念的否定。

——《知识社会》

（*Post-Capitalist Society*）

万能政府的时代

从19世纪90年代到20世纪60年代的这70多年间，特别是发达国家社会，国民都被政府催眠了。他们热爱政府，并坚信它有无穷的能量和善意。

——《不连续的时代》
（*The Age of Discontinuity*）

今天最严重的断层

对政府的失望，已经超越了国家和意识形态的界限。在民主社会中，这种现象也在不断地加深。正因对政府的失望，才有了今天最严重的断层。从这一点可以看出，我们的时代和我们之前的时代有明显的不同。

——《不连续的时代》
（*The Age of Discontinuity*）

凯恩斯关于福利国家的谬误

如果凯恩斯关于福利国家的理论是正确的，那么国家就不会有财政上的困难，年支出会刺激经济发展，使资本形成和税收急速增加。在此基础之上，会实现短期巨额的财政盈余。

——《巨变时代的管理》
（*Managing in a Time of Great Change*）

政府提供无偿服务

对政府失望的原因是什么？我们追求奇迹，而追求奇迹得到的只是失望。我们在无意识中也会相信政府会提供无偿服务。我们不禁会想，由谁来负担提供无偿服务的费用呢？

——《不连续的时代》
（*The Age of Discontinuity*）

无法相信承诺

我们依然习惯将问题交给政府解决。政府也一如既往地重新修订失败的方案。结果是，方案本身并无缺陷。如果改变程序或者提高行政效率，事态就会得到改善。但是无论如何，连续修订三次的话，我们便无法相信政府的承诺。

——《不连续的时代》
（*The Age of Discontinuity*）

第 10 章

政府的重建

政府必须恢复取得成果的能力。否则，政府必须重建。

——《知识社会》

（*Post-Capitalist Society*）

政府政策和机构的陈腐性

被叫作最近的历史性大转型的变化并非由政府的政策及机构或是“上帝”创造的，而是人类创造了这一切。我们应该承认其陈腐性。

——《创新与企业家精神》

（*Innovation and Entrepreneurship*）

政府重建必不可少的条件

政府重建必不可少的条件有三个。放弃不起作用的事物、从未起作用的事物、已失去效用以及丧失贡献能力的事物；集中精力于那些发挥作用的事物、能产生成果的事物以及提高组织能力的事物，还要分析成功失败各半的事物。

——《知识社会》

（*Post-Capitalist Society*）

纳入自动废弃系统

我们必须将政府纳入废弃系统。一切政策、组织、活动并不是一成不变的，而必须将它们看作有时间期限的临时性东西。除非为了更新特殊措施，否则必须在 5 ~ 10 年内完成。如果得不到预计的成果，就不要更新。

——《不连续的时代》
（*The Age of Discontinuity*）

组织社会所期望的政府职能

我们认为，作为组织社会的核心组织，政府是必不可少的，我们需要那些能够体现共同的意识和前景，成立各种组织，在共同的理念和价值观之下，能够对社会和公民做出最大贡献的机构。

——《不连续的时代》
（*The Age of Discontinuity*）

政府的工作就是统治

政府的工作就是执行有某种意义的正确的决定，并集中社会力量让问题显现出来，以及对选择做出提示。换言之，政府的工作就是统治。

——《不连续的时代》
（*The Age of Discontinuity*）

统治和执行无法兼顾

如果统治和执行可以兼顾的话，就会失去统治的能力，就算作为执行决定的机关，也只有微弱的执行力。那些机构并没有将重点放在执行上，没有建立相应的体制，最初对执行的关心度就不大。

——《不连续的时代》

（*The Age of Discontinuity*）

让决定者从执行中分离出来

企业在这 30 年间，全力解决了今天政府面临的问题即统治与执行兼顾的问题。结果是美国的企业经营阵营是两者分离，学到了必须让决定者尤其是高层机构的决定者从执行中分离出来。不然，就无法做出决定也就无法顺利地执行。企业把它叫作分权化。

——《不连续的时代》
（*The Age of Discontinuity*）

二次民间化原则

政府的分权化并不是地方政府承担执行任务的联邦制。由政府以外的组织进行有关实施、活动、成果的部分作为原则。这个原则也可以称为二次民间化㊀。从19世纪以家族为最初的社会机构演变为将政府的部分工作委托给非政府机构的各个组织。

——《不连续的时代》
(*The Age of Discontinuity*)

㊀ 二次民间化：与“二次民营化”同义。在《不连续的时代》出版一年后，英国的保守党派除了将德鲁克的提议明确记录之外，还将其收录到政策纲领中。这成为一种公约，使撒切尔夫人获得了执政权，掀起了世界民营化的浪潮。

二次民间化使政府更具灵活性

二次民间化并不会弱化政府力量。二次民间化的目标在于，使病态无力的政府恢复活力和能力。

——《不连续的时代》
（*The Age of Discontinuity*）

无能的政府还是强势的政府

如果我们不想面临国家的灭亡，那么就很有必要建立一个有活力的政府。我们现在面临的问题是：是选择一个机构臃肿但无能的政府呢还是选择一个只决定大方向，将执行任务委托给其他组织的强势的政府呢？

——《不连续的时代》
（*The Age of Discontinuity*）

政府成为作曲家

政府要成为决策者、前景规划者、厂家以及政治性机构。政府要想办法无论如何要将政治目标贯穿于对各个组织来说都有吸引力的部分。换言之，政府是一个作曲家或者是一个指挥家，能充分考虑各个乐器最具优势的部分。像称赞能够最大限度地发挥圆号、小提琴、长笛等乐器的优势的作曲家和指挥家一样，我们也会称赞在多元化社会中，能够最大限度地发挥独立性组织能力的政府。

——《不连续的时代》
（*The Age of Discontinuity*）

政府的新课题

政府承担着新的社会课题。包括环境保护、驱逐私人军队和国际恐怖主义以及有效的军备管理。政府对这些的干预宜多勿少。但是到今天，有必要改变其干预的方式。

——《知识社会》
（*Post-Capitalist Society*）

一个国家无法解决环境破坏问题

最大的威胁是人类赖以生存的环境遭到破坏。生存环境包括人类生存的地球和大气层，包括被称为地球的肺的热带雨林、海洋、水资源以及空气。然而必须尽早地在环境保护和人口急剧增长的发展中国家的产业发展需求之间取得平衡。这些不是在一个国家范围内就能解决的问题。

——《知识社会》

（*Post-Capitalist Society*）

必要的干涉

伴随着人类生存环境的污染和破坏，诸如海洋污染、全球变暖、臭氧层空洞等，所生产出来的商品，通过禁止国家间贸易往来能够将污染环境的行为“隔离”出去。当然这将会作为干涉贸易自由而遭到反对。情况确实如此。

——《管理新现实》

（*The New Realities*）

恐怖主义的威胁

外国政府也好，恐怖主义[⊖]也好，寄给帝国大厦的那个小包裹，如果被遥控爆炸的话，要比投到广岛、长崎那两颗原子弹的破坏力更大，能轻易地摧毁整个纽约。

——《管理新现实》
（*The New Realities*）

⊖ 恐怖主义：《管理新现实》（1989 年出版）、《知识社会》（1993 年出版）中，发表了关于炭疽菌炸弹威胁的警告。

有必要采取超越主权国家的行动

仅仅不支持恐怖主义是远远不足以消除（至少控制）恐怖主义的威胁的。需要采取跨国行动，即超越单个主权国家范围的行动。

——《知识社会》

（*Post-Capitalist Society*）

跨国机构的构想

现在关于跨国机构的构想还没有任何定论，也不知道设立这些机构要用多长时间。使各个国家政府接受这种跨国机构及其决定很可能使事态发生翻天覆地的变化。

——《知识社会》

（*Post-Capitalist Society*）

无法前行的探索之路

政府已经无法再沿着探索了50年的道路继续走下去了。在那条道路上我们所得到的是官僚化，并没有任何成果可言。或许可以增加税收，但是却得不到公民的献身、支持以及信任。迄今为止这条道路上剩下的只是政府“病情”的恶化以及加大了对政府期待的失望程度。

——《不连续的时代》
（*The Age of Discontinuity*）

第 11 章

经济政策

世界经济并不是持续不断地变化着的，因为它早就变到了其基础和结构再也无法后退的程度。

——《管理前沿》

(*Frontiers of Management*)

无效的刺激经济复苏政策

凯恩斯主义经济学者、货币主义者、市场经济学派、新古典派，无论哪一个，都没能提出有效地刺激经济复苏的政策。由政府提出的刺激经济复苏政策，取得了与景气循环复苏过程一致的成果。这种偶然的成果是很稀奇的。因为这种一致性依赖于偶然，这种政策是不会长期存在的。

——《巨变时代的管理》
（*Managing in a Time of Great Change*）

无法控制的经济环境

过去，国家及其政府的工作是通过稳定通货、控制低税收、奖励节约和储蓄，保持经济发展的环境的稳定。经济环境景气变化，不仅能引起民族国家内部的变动，甚至能引起世界市场的变动。因此，并不是任何事都是可以被控制的。

——《知识社会》

（*Post-Capitalist Society*）

政府财政支出能左右国民经济吗

大恐慌时期，民族国家政府能够而且应该掌控经济气候。这种思想迅速传播开来。凯恩斯主张，至少是在中等发达程度以上的国家，才有能力使本国经济脱离世界经济而独立存在。他甚至认为，这种独立的国民经济通过政府政策即政府财政支出，完全可以左右其经济发展状态。

——《知识社会》

（*Post-Capitalist Society*）

政府成为经济环境的管理者

经济学把民族国家及其政府当作国民经济的主人来对待，并使之成为经济环境的管理者。

——《知识社会》
（*Post-Capitalist Society*）

熊彼特否定了凯恩斯理论

凯恩斯的中心定理是决定财政、利率、信用度、通货量等货币政策的需要，决定经济本身的发展状况。正如凯恩斯强调的那样，以货币的流通速度一定，并且在短期内不被个人和企业左右为前提。但是约瑟夫·熊彼特指出，50年前，现实状况已经否定了凯恩斯理论所有的前提。

——《管理前沿》
(*Frontiers of Management*)

个人和企业改变了货币的流通速度

个人和企业与所有的经济政策无关，以难以预测的形式急剧地改变着货币流通速度。在这60年间，试图利用经济政策来达到经济目标的做法，全部被个人和企业所有的改变货币流通速度的能力所打败了。

——《管理新现实》
（*The New Realities*）

奇怪的宏观经济模式

今天的经济学是为了使一国经济尤其是发达国家的经济实现自我规范而存在的。同时经济学也是把分析一国经济作为经济政策的一种来对待。全球经济即使是一种制约和限制，如果不是决定性因素，当然也就不会成为矛盾的主要方面。在今天，这种宏观经济的定理已经不可信了。

——《管理前沿》
（*Frontiers of Management*）

全球货币的影响

全球货币的力量是名副其实的。因为它的庞大性，伴随着金融、贸易、投资带来的货币流通，使一个国家的收支情况受到极大的影响。全球范围内一天的贸易投资额相当于一个国家一年的交易额。因为没有经济性的功能，所以可以自由转移。因为也不具备通货的经济性的功能，也不能满足金融上的需要，因此，无法遵循经济理论。如果变化无常，轻易听信传言和预测，很容易陷入经济恐慌之中。

——《管理前沿》

（*Frontiers of Management*）

经济学统一的必要性

要想掌控全球经济模式，就必须理顺全球经济与宏观经济之间的复杂关系。与此同时，必须掌握微观经济行为的理论，即关于作为经济活动主体的行为的理论。那是因为所创造出的经济成果即财富与服务、雇用和收入，归根结底还是微观经济。

——《不连续的时代》
（*The Age of Discontinuity*）

把经济当作生态系统来对待

我们需要把经济当作一个生态系统、生态环境、生态形态来对待。而且经济必须是由个人和企业的微观经济、国家政府的宏观经济、全球经济这三种经济模式相互影响的领域组成的。

——《管理新现实》

（*The New Realities*）

均衡成为老生常谈的问题

今天的经济学、经济政策的目标是以均衡为前提的。战后美国的一个目标是实现充分就业。然而我们都心知肚明，现实中的经济不可能实现稳定和均衡。能够实现充分就业的是动态的不均衡。经济就像骑自行车，只有骑起来的时候，它才能保持平衡。

——《不连续的时代》
（*The Age of Discontinuity*）

只有创新才是生活的本质

古典派经济学认为，创新和地震、气象、战争一样能给经济带来重大影响，同属于经济范围之内的大事件范畴。对此，熊彼特认为只有创新才是经济尤其是现代经济的本质。

——《生态愿景》
（*The Ecological Vision*）

关于经济活动的力学理论

今天，我们除了要掌握关于经济活动均衡性的理论外，还必须掌握经济活动的力学理论。必须在理解经济创新的基础上，将其融入到经济学与经济政策中。

——《不连续的时代》

（*The Age of Discontinuity*）

第12章

经济发展

本应带来和平与发展的全球化经济却正在给贫穷的非白种人世界和富有的白种人世界之间带来战争的威胁。

——《不连续的时代》（*The Age of Discontinuity*）

国家间的收入与机会的差距

世界被分成两部分。即知道如何创造财富的国家和不知道如何创造财富的国家。富裕的国家，通过其技术力量使穷人变得富有，这便缩短了贫富差距。技术的力量，战胜了19世纪的产业社会的阶级斗争。然而在今天，这被一个新问题所取代，即不同国家间、不同文明间的收入与机会的差距。

——《不连续的时代》

（*The Age of Discontinuity*）

世界是一个共同体

400年前，中国穷人的生活水平和英国贵族是一样的。但是，英国人并不知情，像美人鱼和独角兽的故事一样，将它们都收录到旅行手记中。只是在今天，其他国家的生活状况可以通过电视直接感受到。这便是一个共同体内部的差距。

——《不连续的时代》

（*The Age of Discontinuity*）

没有一个国家跻身于发达国家之列

从第一次世界大战至今为止，经过了 50 年，无一个国家跻身于发达国家之列。这一事实，是全球经济之下最大的社会政治问题。

——《不连续的时代》
（*The Age of Discontinuity*）

关于经济发展的误区

只有经济发展才是我们当代最主要的经济课题。直到今天，我们对其理解还存在误区。所谓经济发展，也就是对穷人会变成富人这一问题值得深思。我们要解决的问题，就是让穷人能够创造财富。

——《不连续的时代》
（*The Age of Discontinuity*）

发展援助与经济发展成反比

接受发展援助和经济发展能够获得成功是成反比的。过多接受他国经济援助的国家，经济不仅不会获得发展，反而会衰退。恰好就像国内的福利制度一样，接受以发展援助为名义的福利的国家，接受的援助越多，越是不会得到发展。

——《巨变时代的管理》
（*Managing in a Time of Great Change*）

抑制被援助国能力发挥的危险

如果未对发展援助慎重地做出计划并对其进行严格的管理，不仅不会刺激，反而会抑制被援助国能力的发挥。过多的善意，如对某一国进行剩余农产品的援助，就是一个妨碍发展中国家经济发展的一个很好的例子。

——《不连续的时代》

（*The Age of Discontinuity*）

发展援助有损农民的生产积极性

有必要对现实中处在饥饿状态的人们进行经济上的援助。同样也有必要成立世界粮食银行。但是，必须谨防超过对这一人群救援程度的粮食援助。否则，会有损农民的生产积极性。

——《不连续的时代》

(*The Age of Discontinuity*)

开发援助会产生依赖性

援助所带来的不是机遇而是问题。所取得的成果不在大小，但有必要朝着取得尽可能大的成果的方向努力。由此产生了依赖性，至少会使这种依赖性持续下去。

——《不连续的时代》
（*The Age of Discontinuity*）

无法从外部获得发展

在今天，援助不能给经济发展带来的东西是再清楚不过的了。一个国家的经济是无法从外部获得发展的，就算是援助也爱莫能助。

——《不连续的时代》
（*The Age of Discontinuity*）

经济发展的基础

经济发展改变了社会和文化。然而经济发展又必须以现有的文化、社会制度和价值观为基础。

——《不连续的时代》

（*The Age of Discontinuity*）

经济发展没有公式

经济发展并不是依赖外国的经济援助，而是仅依靠严格的劳动来实现的。是不存在保障经济发展机能的公式和政策的。成为经济发展基础的并非是设备投资而是教育和实力。

——《管理新现实》

（*The New Realities*）

第 13 章

少子老龄化

退休人员与未退休人员的比例至少保持在 1 : 3 以内。这是所有发达国家的经济政策必须达到的主要目标。

——《动荡时代的管理》
（*Managing in Turbulent Times*）

希望有长假

当今，处于 65 岁年龄段的人们的平均剩余寿命和健康水平相当于 19 世纪 20 年代五十二三岁的水平。我们知道，根据退休制度，65 岁退休人员和根据提前退休制度 65 岁之前的退休人员，都希望在退休后有长假。

——《迈向经济新纪元》

（*Toward the Next Economics and Other Essays*）

放宽退休条件不可避免

放宽退休条件是不可避免的。这是站在人的角度来看待我们所追求的东西。65 岁退休制度将懒惰和无能强加给想要打零工的健康人群。

——《迈向经济新纪元》

（*Toward the Next Economics and Other Essays*）

非雇用者占了组织的半数

从现在算起到20年或25年后，为组织工作的半数劳动者不仅不是全职的，而且是没有劳动雇用关系的，年长者尤其如此。因此，如何管理无劳动雇用关系的劳动者将成为一个重要课题。

——《下一个社会的管理》
（*Managing in the Next Society*）

对退休制度重新认识之后的问题

对退休制度重新认识之后的问题是让体力和智力减退、不能满足工作需要的劳动者退休是设定退休制度的基准。根据加利福尼亚州法律的规定，在禁止按年龄退休的情况下，不是根据年龄来判断体力和智力的减退，而是必须按照客观实际为基准使其退休。那么，由谁规定那个基准呢？又由谁来实施呢？

——《迈向经济新纪元》

（*Toward the Next Economics and Other Essays*）

面临集体自杀现象的发达国家

当今，发达国家正面临着集体自杀的现象。保持人口增长的婴儿不再出生。理由很简单，年轻人没有足够的能力完全赡养日益增多的老龄人口。为了减轻负担，只能减少与老年人相对的婴儿的数量。

——《德鲁克论管理》

（*Peter Drucker on the Profession of Management*）

就算出生率急剧上升

出生率不是没有可能再恢复到以前的水平。只是在今天，在发达国家还没有出现再次掀起一股婴儿潮的征兆。然而即使一夜之间上升到美国 50 年前的婴儿潮时期出生率为 3.0 的水平，那么要让这些婴儿受教育，并将其培养成一个有生产能力的成人，也需要 25 年。

——《德鲁克论管理》

（*Peter Drucker on the Profession of Management*）

舆论分成两派的问题

年轻人口的剧减，哪怕是在罗马帝国灭亡以后，也同样具有重大意义。所有的发达国家以及中国、巴西，保持人口增长所必需的出生率已经低于 2.2 了。这意味着接受外国劳动人口和移民的舆论分成了两个派别。

——《下一个社会的管理》
（*Managing in the Next Society*）

大量移民的危险

与人口减少、富裕的发达国家毗邻的是人口增长、贫穷的发展中国家。抵抗人口流动的压力就如同抵抗引力法则一样。而且没有比那些大量移民特别是来自不同文化的、不同宗教国家的大量移民更危险的问题了。其中最严重的是日本。退休早、劳动力市场僵化，而且没有大量移民的经验。

——《21 世纪的管理挑战》

(*Management Challenges for the 21st Century*)

实现企业养老金制度的真正的社会主义

美国的从业人员在获得工资的基础之上，通过养老基金获得了作为产业持有人才有的利润。他们正在成资本所有者以及提供者，逐步变成资本市场的支配者。在马克思主义经济学中提到的“作为价值源泉的劳动者享有生产活动的成果”。在这个意义上，企业养老金制度可以帮助人们达到了真正的社会主义最终阶段。

——《看不见的革命》㊀

（*The Unseen Revolution*）

㊀ 此书更新版名为《养老金革命》（The Pension Fand Revolution）。——译者注

不过是延期发工资

养老基金是一种资金，并不符合任何一种资本的定义。这不单单是用词问题。养老基金的资金，实际上是延迟发工资。而对于退休人员来说，养老基金不过是为了支付相当于工资的资金并积累起来延期发放而已。

——《知识社会》

(*Post-Capitalist Society*)

老龄保险的养老基金

在发达国家，对几乎所有45岁以上的人来说，只有养老基金的领取权才是最大的资产。19世纪的生命保险实际上是死亡保险。与此相对的是，养老基金是一种老龄保险。在远远超过了人类实际劳动年龄并视长寿为理所当然的社会中，养老基金会是必不可少的机构。只有如何将掠夺养老基金变为保护养老基金，才是政策、法规制定者面临的重大课题。

——《知识社会》
（*Post-Capitalist Society*）

过去的投资者

问题是，资本市场的决定权将从企业家即未来投资者手中转移到作为被委托人的资产管理者即遵循慎重原则的以往投资者手中。但是，自此会有把渴望成长起来的新兴小产业逼进绝路的危险。

——《看不见的革命》

（*The Unseen Revolution*）

逆储蓄在发展

用从业人员的虚拟储蓄来满足其消费需求的退休人员日益增多。其结果是需要支付的养老金总额增多了。可以说是逆储蓄现象正在发展。为了填补逆储蓄的资本形成的方法还没有进行认真的探讨。

——《看不见的革命》
（*The Unseen Revolution*）

通货膨胀是最危险的病变

经济大恐慌以来，失业一直被认为是现代社会特有的最危险的病变。在老龄化社会，通货膨胀已经取代了失业的地位，成为现代社会特有的最危险的病变。

——《看不见的革命》
（*The Unseen Revolution*）

强大政治势力的形成

通货膨胀对于靠养老金生活的退休人员来说是最大的威胁。对于50岁以上的从业人员来说，将来的养老金购买力的下降也是一个严重的威胁。将最近两代结合起来看的话，现在的成人人口大约达到了半数，在不久的将来会超过半数。养老基金社会主义发展的结果，就通货膨胀来说，他们面临着从未有过的利害关系。有着共同的利害关系的当事人是处于美国的政治体制之下的一大利害集团，并形成了强大的政治势力。

——《看不见的革命》

（*The Unseen Revolution*）

第 14 章

社会生态学

理论是现实的系统化。理论不能创造现实。

——《管理新现实》

（*The New Realities*）

社会生态学者德鲁克

我一直认为自己是一个社会生态学者。如同自然生态学者是研究生物环境一样，我关注的是由人类创造的人类环境。

——《生态愿景》
（*The Ecological Vision*）

创造动态非均衡状态的社会

社会生态学和医学、法学或者自然生态学一样是实用科学。其目的在于谋求存续和变革的平衡，即创造一个动态非均衡的社会。只有那样的一种社会才具有稳定性和凝聚力。

——《生态愿景》
（*The Ecological Vision*）

整体和部分的集合不是一回事

社会生态学不是以分析而是以观察为基础，以感知为基础，所以还不是所谓的科学。不仅不应舍去，而是应作为一个整体来看待。也许整体和部分的集合大体相同，但也有根本性的不同。

——《生态愿景》
（*The Ecological Vision*）

“我见故我在”

30 年前，笛卡尔曾说过“我思故我在”。如今，我们同样可以说“我见故我在”。笛卡尔以后，重点一直放在理论的分析上。但是在今后，保持理论的分析和感性的认识之间的均衡是必不可少的。

——《管理新现实》
（*The New Realities*）

转变固有的思维

继续追问社会生态学的工作是什么？与大众想法相反的、已经发生了改变的是什么？转变思维这个词的流行语又是什么？对社会和社区进行调查。接下来，追问有没有证据证明其变化不是一时的而是真正的彻底的变化。如果其变化具有一定意义和重要性，我们不禁会问，会带来什么样的机会呢？

——《生态愿景》

（*The Ecological Vision*）

不能进行定量化的理由

我认为不能进行定量化的理由是在社会现象中有某种意义的事件无法与定量化挂钩。原本统计的世界给遵循正态分布的世界带来的变革就是特殊事件。

——《生态愿景》
（*The Ecological Vision*）

表现在统计表中的是过时的现象

给世界带来变革的是特殊事件，实际上是过时的现象了。在统计意义上，已经不是与未来有关的现象了，甚至不是与现在有关的现象，而是过时的现象。

——《生态愿景》

（*The Ecological Vision*）

蝴蝶效应

根据现在正在高速发展的近代数学的复杂系统的理论，可证明复杂系统是不可能被短期预测的。复杂的系统被短期统计中的无意义的要素支配。这种古怪的但是在数学上确实严谨的（和经过实验证明的）理论被称为“蝴蝶效应”。一只在亚马孙热带雨林中的蝴蝶振动翅膀，在几周或几个月之后，能改变芝加哥的天气状况，事实上有过这种先例。

——《管理新现实》
（*The New Realities*）

不可能预测短期天气情况

即使在复杂系统里，长期性气候也是可以预测的，而且有高度的稳定性。短期性的天气是不可预测的，而且是完全不稳定的。在复杂系统里，都无法在短期内将任何东西作为“外在”因素排除在外。

——《管理新现实》
（*The New Realities*）

人文科学的意义

重要的是，可以被称为人文科学、通识教育的东西照进了现实，并且它具有一定的意义。人文科学将再次以它应有的姿态重新出现，它将成为理解事物的灯塔和指导正确行动的方针。

——《管理新现实》
（*The New Realities*）

编译者后记

德鲁克所关心的是人类，即个体的人和社会人。就个体的人所阐述的仅仅是克尔凯郭尔理论而已。但是，在一个人将要死去的时候，除非他具有作为个体的人的思维，否则自不必说就单个的人而言，甚至对于社会而言也是一种不足。当然，作为一个社会人是幸运的，但是社会也必须有作为一个社会的功能。

非常了解两次世界大战期间的社会崩溃现象的德鲁克大师，为了创造更好的社会，以史为鉴，描述今天大变革时期的社会面貌并探求其本质。本书便从中精选了他的许多名言名句。

德鲁克是一位具有远见卓识的大师。在今天继续用笛卡尔时代之后流行的思维方式来处理所有的问题，丝毫不起作用。因此，德鲁克大师的精辟论断，从他自己的视角出发，成为了启发我们思考、行动的催化剂。

阅读了名言集的许多人谈了自己的读后感，觉得德鲁克果然与众不同。认为从他那里学到了看问题的方法，并且得到了创业的勇气和信心。同样，即使是论述经营管理和社会问题，原本的问题意识不在于经济和金钱而在于人才和社会，也许这才是德鲁克与众不同之处吧！而这些精辟论断也是从他丰富的人生经验和洞察力中产生的。

在阅读过德鲁克名言集的各位当中，也有人摘录了符合自己的名言名录。不仅是本书，希望其他各名言集都能够得到大家的青睐。在此，我对委托给我编纂德鲁克名言集这项重要工作的德鲁克教授、钻石出版社的御立英史先生、中嶋秀喜先生、小川敦行先生一并表示衷心的谢意！

上田惇生

2003 年秋

彼得·德鲁克全集

序号	书名	序号	书名
1	工业人的未来The Future of Industrial Man	21 ☆	迈向经济新纪元 Toward the Next Economics and Other Essays
2	公司的概念Concept of the Corporation	22 ☆	时代变局中的管理者 The Changing World of the Executive
3	新社会 The New Society：The Anatomy of Industrial Order	23	最后的完美世界 The Last of All Possible Worlds
4	管理的实践 The Practice of Management	24	行善的诱惑The Temptation to Do Good
5	已经发生的未来Landmarks of Tomorrow：A Report on the New "Post-Modern" World	25	创新与企业家精神Innovation and Entrepreneurship
6	为成果而管理 Managing for Results	26	管理前沿The Frontiers of Management
7	卓有成效的管理者The Effective Executive	27	管理新现实The New Realities
8 ☆	不连续的时代The Age of Discontinuity	28	非营利组织的管理 Managing the Non-Profit Organization
9 ☆	面向未来的管理者 Preparing Tomorrow's Business Leaders Today	29	管理未来Managing for the Future
10 ☆	技术与管理Technology，Management and Society	30 ☆	生态愿景The Ecological Vision
11 ☆	人与商业Men，Ideas，and Politics	31 ☆	知识社会Post-Capitalist Society
12	管理：使命、责任、实践（实践篇）	32	巨变时代的管理 Managing in a Time of Great Change
13	管理：使命、责任、实践（使命篇）	33	德鲁克看中国与日本：德鲁克对话"日本商业圣手"中内功 Drucker on Asia
14	管理：使命、责任、实践（责任篇）Management: Tasks,Responsibilities,Practices	34	德鲁克论管理 Peter Drucker on the Profession of Management
15	养老金革命 The Pension Fund Revolution	35	21世纪的管理挑战Management Challenges for the 21st Century
16	人与绩效：德鲁克论管理精华People and Performance	36	德鲁克管理思想精要The Essential Drucker
17 ☆	认识管理An Introductory View of Management	37	下一个社会的管理 Managing in the Next Society
18	德鲁克经典管理案例解析（纪念版）Management Cases(Revised Edition)	38	功能社会：德鲁克自选集A Functioning Society
19	旁观者：管理大师德鲁克回忆录 Adventures of a Bystander	39 ☆	德鲁克演讲实录The Drucker Lectures
20	动荡时代的管理Managing in Turbulent Times	40	管理(原书修订版） Management (Revised Edition)
注：序号有标记的书是新增引进翻译出版的作品		41	卓有成效管理者的实践（纪念版）The Effective Executive in Action